RECHERCHES HISTORIQUES ET ANECDOT...

# VOISINS-LE-BRETONNEUX

## LA PAROISSE

## LA SEIGNEURIE — LES SEIGNEURS

PAR

### EUGÈNE VILLECOQ

MEMBRE DE LA SOCIÉTÉ ARCHÉOLOGIQUE DE RAMBOUILLET

VERSAILLES

TYPOGRAPHIE E. FORT, RUE SAINT-JEAN

188...

# VOISINS-LE-BRETONNEUX

## LA PAROISSE, LA SEIGNEURIE, LES SEIGNEURS

RECHERCHES HISTORIQUES ET ARCHÉOLOGIQUES

# VOISINS-LE-BRETONNEUX

## LA PAROISSE

## LA SEIGNEURIE, LES SEIGNEURS

PAR

Eugène VIDECOQ

MEMBRE DE LA SOCIÉTÉ ARCHÉOLOGIQUE DE RAMBOUILLET

BEAUVAIS

TYPOGRAPHIE D. PÈRE, RUE SAINT-JEAN

1884

# VOISINS-LE-BRETONNEUX

## LA PAROISSE, LA SEIGNEURIE, LES SEIGNEURS

### par Eugène VIDECOQ.

---

## LA PAROISSE.

La petite commune agricole de Voisins-le-Bretonneux fait partie du canton de Chevreuse, (arrondissement de Rambouillet (Seine-et-Oise) : elle est située à 10 kil. de son chef-lieu de canton et à 8 de Versailles.

Elle était comprise dans le Hurepoix et le Parisis et faisait partie de l'Election de Châteaufort en la Généralité de Paris.

Sous le rapport religieux, Voisins était une paroisse du doyenné de Châteaufort, au diocèse de Paris.

On y comptait 22 feux en 1709; il y avait 150 habitants en 1756; le dénombrement publié en 1745 y marquait 33 feux; aujourd'hui la population est de 266 habitants et le nombre des maisons, de 78.

La paroisse fut érigée au XIV⁰ siècle; l'abbé Lebeuf dit qu'elle fut distraite de celle de Magny. La cure était à la nomination de l'Archevêque de Paris.

## L'ÉGLISE.

L'église, sous le vocable de la Ste Vierge dans sa Nativité, a été construite au XVIe siècle et retouchée depuis. Elle est orientée. Son architecture, du reste, n'offre rien de remarquable. La nef, sans collatéraux, se termine par un chevet carré. De chaque côté du chœur se trouvent deux chapelles postérieures au reste de l'édifice. Ces deux chapelles forment transept, de sorte qu'il ne manque qu'une travée à la suite du chœur, pour former la croix latine. L'église, composée de trois travées est voûtée en pierre; ses arcades sont ogivales et ses fenêtres à plein cintre.

Les clés de voûte sont sculptées. La première, la plus rapprochée de la porte d'entrée, porte les armoiries de la famille Gilbert, (une croix engrélée, cantonnée de 4 croissants montants). La deuxième clé de voûte est ornée de marguerites. La troisième enfin, celle du chœur, est ornée de fleurs de lys.

Ces différents ornements indiquent d'une façon précise l'époque de la restauration de la voûte, car les marguerites sont évidemment une allusion au nom que portait la femme de Pierre Gilbert III qui lui même a ses armes représentées sur la première clé de voûte, et il est bien probable que nous sommes là en présence des « grosses et urgentes réparations » de 1687 dont il sera parlé plus loin.

Comme il n'y a pas de colonnes dans l'église, les nervures de la voûte reposent directement sur les murs latéraux.

Les armoiries de la famille Gilbert ont été peintes dans la chapelle de droite (l'ancienne chapelle seigneuriale) et sont disposées de chaque côté de la fenêtre. Il est à remarquer que la croix du blason a été peinte en gueules tandis que le véritable émail est argent. Ces blasons sont cachés sous une couche de badigeon.

Le chevet, orné maintenant d'un assez beau rétable en bois, de style corinthien, était primitivement éclairé par trois fenêtres dont celle du centre était à plein cintre et les deux autres en ogive. Ces fenêtres, qu'on aperçoit encore à l'extérieur, sont bouchées depuis longtemps.

Il ressort de notes écrites sur un des registres de la paroisse que « l'an 1703 a été posé tout le rétable du Grand Autel de Voisins, en menuiserie », en remplacement d'un plus ancien qui n'était que de plâtre ; que l'an 1710 fut construite la sacristie et « les deux chapelles collatérales « entièrement boisées des bois et débris de l'abbaye de « Port-Royal-des-Champs, qui a été rasée de fond en comble « par les ordres de Sa Majesté ».

L'église de Voisins possède un Christ en bois qui n'est pas sans mérite. Il faut citer aussi une des chasubles dans la confection de laquelle on a fait entrer un médaillon en tapisserie de Beauvais, dernier débris d'une ancienne chasuble et représentant l'Annonciation.

Notre église a été réparée plusieurs fois. En 1687 on retira du coffre de la fabrique où elles demeuraient improductives, différentes sommes provenant de fondations et avec ces sommes on paya les grosses et urgentes réparations qu'on venait de faire à l'église; le tout sur la réquisition de M. Mathurin Lesueur, alors curé, et par ordonnance du prévôt dudit Voisins sur les conclusions du procureur fiscal (1).

Un des registres de la paroisse porte en note que « l'an 1706 on fit abattre le bâtiment devant la porte parce que l'église était trop obscure ». La sacristie, on l'a vu plus haut, fut construite en 1710; c'est probablement à cette époque que la voûte de la chapelle seigneuriale a été remaniée.

De nos jours enfin, des travaux importants furent exécutés par M. l'abbé Maloizel, curé actuel de la paroisse, qui avait trouvé l'église dans le triste état de délabrement où l'avait laissée la révolution. En 1852 et 1853, il gratta et ba-

(1) Arch. de la paroisse.

digeonna de ses propres mains les murs de l'édifice, peignit et dora le maître-autel et le chevet. L'église manquait des objets les plus indispensables. Il fit des quêtes, tant dans la paroisse qu'en dehors. Une première collecte ayant produit 187 fr. 75 c., il acheta un dais et une bannière du St-Sacrement. D'autres quêtes, auxquelles vinrent s'adjoindre des souscriptions et dons divers, produisirent plus de 6,000 fr., ce qui permit d'acheter quelques ornements, meubles de sacristie, tapis, etc. Les œuvres du St-Sacrement de Paris et de Versailles renouvelèrent les vases sacrés.

Puis vinrent les secours de la commune, si bien qu'en 1855, on put bitumer l'église (ce qui la tira de sa grande humidité). Six ans plus tard on reconstruisit le clocher qui tombait en ruines. On profita de l'occasion pour changer sa forme; il était en bâtière; on y ajouta la flèche que nous voyons aujourd'hui. Puis on reconstruisit les bancs et on acheta des chaises; etc. Le bitumage de l'église a coûté 1,350 fr. dont 612 ont été souscrits et le reste couvert par la commune; quant à la reconstruction du clocher elle a nécessité une dépense de 3,000 fr.

En 1865, les fenêtres de l'église ont été pourvues de barreaux de fer et de carreaux en verre de couleurs, qui sont venus remplacer les mauvais panneaux qui de tous côtés livraient passage à la pluie, à la neige et au vent. Le prix de ce travail est revenu à 250 fr. par fenêtre en moyenne.

Huit pierres tombales sont conservées dans l'église de Voisins ou auprès de cette église. Elles n'occupent plus leur emplacement primitif, ayant été déplacées en 1855, lors du dallage de l'église.

Voici les inscriptions qu'elles portent ou portaient, plusieurs d'entre elles étant tellement usées aujourd'hui qu'on n'en peut plus lire la légende :

*(A l'entrée du chœur.)*

CI-GIST VÉNÉRABLE ET DISCRÈTE PERSONNE M^{RE} MARTIN MERCIER, NATIF DE VOISINS-LE-BRETONNEUX, EN SON VI-

VANT PRESTRE ET CURÉ DE L'ÉGLISE DE CÉANS QUI DÉCÉDA LE
JEUDI SEIZE DE DÉCEMBRE MIL SIX CENT CINQUANTE-CINQ. POUR
LE REPOS DE SON AME PRIEZ DIEU POUR LUI.

*(A côté de la précédente.)*

SOUS CE TOMBEAU REPOSE LE CORPS DE VÉNÉRABLE ET DIS-
CRÈTE PERSONNE MATHURIN LESUEUR VIVANT CURÉ DE CETTE
PAROISSE, LEQUEL FUT DÉCÉDÉ LE 12E SEPTEMBRE 1689, AGÉ
DE 61 ANS.

PRIEZ DIEU POUR LUI.

*(A la porte de la sacristie.)*

ICY GIST LE CORPS DE MESSIRE DENIS DUBOIS PRESTRE CURÉ
DE CETTE PAROISSE DE VOISINS NATIF D'ARGENTEUIL DE CE
DIOCÈSE DE PARIS LEQUEL DÉCÉDA LE 18 SEPTEMBRE 1693, RE-
GRETTÉ DE SES PAROISSIENS DE SES DEUX FRÈRES CURÉS DE
CERNAY ET DE SACLAY EN CE DIOCÈSE LUY ONT FAIT METTRE
CETTE TOMBE POUR MARQUE DE LEUR AMITIÉ ET DE LEUR UNION
EN CETTE VIE QU'ILS ESPÈRENT ÊTRE PARFAITE EN L'AUTRE.
PRIEZ DIEU POUR LE REPOS DE SON AME. REQUIESCAT IN PACE.

*(Voûte de la chapelle Ste-Geneviève.)*

D. O. M.

ICY REPOSE VÉNÉRABLE ET DISCRÈTE PERSONNE ANTOINE
PORCHER ANCIEN CHANOINE DE VIC CURÉ DE ST MARTIN DE
CESSON EN BRIE, DÉCÉDÉ LE 6 AOUT 1731 APRÈS AVOIR ÉTÉ
CURÉ DE CETTE PAROISSE L'ESPACE DE 17 ANNÉES A LA 71E AN-
NÉE DE SON AGE ET 43 DE PASTORAT.

REQUIESCAT IN PACE.

*(Sous la voûte conduisant à la chapelle Saint-Jean).*

C'est la pierre qui recouvrait la tombe de Jehan Basin
de Voisin. Elle est aujourd'hui fort usée et on n'y peut plus
lire que le mot « Voisin ». Autrefois, j'y ai relevé l'inscription suivante, en capitales gothiques :

ICI GIT / MONSEIGNEUR JEHAN DE / VOISIN. PRIEZ POUR LI /

Trois petites croix recroisetées étaient gravées sur cette

tombe. La première au-dessous de l'inscription et les deux autres au bas de la pierre dans chaque angle, une quatrième croix, qui devait compléter le rectangle commencé par les trois autres avait déjà disparu.

*(En dehors, debout près du clocher)*

Cette pierre est fruste. Elle recouvrait le corps d'un seigneur de Voisins.

La représentation du défunt était gravée au trait. On en voit encore de nombreuses traces. L'inscription était ainsi conçue :

.... MESSIRE JEHEN DE VOISINS CHR QUI TRESPASSA L'AN
DE GRACE M III ....

Non loin de la tombe dont je viens de parler, on en voit une autre portant cette inscription :

CY GIST VÉNÉRABLE ET DISCRÈTE PERSONNE DENIS RIGAULT PRESTRE CURÉ DE VOISINS LE BRETONNEUX BACHELIER EN THÉOLOGIE..... QUI DÉCÉDA LE VI MARS 1629. PRIEZ DIEU POUR SON AME.

Dans la chapelle seigneuriale se trouvait la sépulture de Pierre Gilbert, né à Paris en 1595.

Pierre Gilbert, mort en juin 167... et Marguerite Françoise Bouer, son épouse, ainsi que Pierre Gilbert, mort en 1587 ou 1597, et son épouse Bonne Bourdin y reposent également.

Autour de l'église et sous son ombre, s'étend le cimetière qui était tombé dans un fâcheux état de délabrement à la fin du XVIIᵉ siècle. Le cardinal de Noailles, archevêque de Paris, en cours de visite pastorale, prescrivit, le 21 octobre 1701, de faire réparer la brèche qui était au cimetière afin que les bêtes n'y puissent entrer (1).

La croix du cimetière est de 1607. Elle se compose d'une colonne quadrangulaire en pierre, reposant sur un piédestal

---

(1) Arch. de la commune.

de 4 marches. Sur le côté ouest est sculpté un écusson en cartouche portant 3 gerbes, 2 et 1 et une molette d'éperon de 8 raies en cœur. Au-dessous est gravée la date de 1607. Sur le côté opposé l'écu est mi-parti ; au 1 de... à trois gerbes de... 2 et 1 ; au 2 de... à 3 canettes de... 2 et 1.

Il est bien difficile d'établir d'une façon certaine à qui doivent être attribuées les armoiries ci-dessus. Il se pourrait que ce blason soit celui du possesseur de l'un des fiefs de la paroisse ; mais on ne possède aucun renseignement sur les fiefs de Voisins et leurs possesseurs à l'époque où la croix a été érigée. On ne peut donc cette en matière, procéder que par induction.

Or, parmi les familles seigneuriales de nos environs, il en est une dont les armoiries avaient une grande similitude avec celles qui nous occupent en ce moment. Je veux parler de la famille Combault qui possédait la seigneurie des Clayes vers cette époque et qui portait : d'or à trois merlettes de sable.

Gilbert Combault, seigneur des Clayes, du Pontel, secrétaire des finances, bailli de Montpensier, gouverneur d'Aigueperse, mourut à 80 ans en 1616 et fut inhumé dans le chœur de St-Eustache de Paris, avec son fils Charles, chevalier, seigneur des Clayes, mort en 1603 et sa femme Marie de Pajot, baronne de Mafliers, dame d'Auteuil et de Fercourt, morte en 1632 (1).

La ressemblance des armoires, la coïncidence des dates et le voisinage relatif des localités sont autant de circonstances qui, réunies, autorisent à penser qu'un membre de la famille Combault, (peut-être Gilbert) aurait bien pu faire élever la croix de notre cimetière.

Dans le cours des 3 siècles qui précèdent la Révolution, d'assez nombreuses donations furent faites à la fabrique de Voisins. Parmi ces donations, on en remarque une assez

_____

(1) Maquet et de Dion, nobiliaire de Montfort.

bizarre. Je veux parler du legs fait par un brave homme de Voisins, d'une vache et d'une vieille hache. (1)

La dîme, à raison de la 13e gerbe de tous les grains, était estimée par M. Dieulouard, curé au moment de la Révolution, à 3400 livres, tous frais faits. (2) La grange de la dîme existe encore. Elle est contiguë à l'ancien presbytère qui communiquait avec l'église au moyen d'une petite tribune que l'on voit encore aujourd'hui, mais dont la porte a été scellée.

## L'ECOLE.

A Voisins, pas plus que dans les paroisses environnantes, du reste, l'instruction gratuite n'est pas chose nouvelle ; et sous l'ancien régime, les vicaires de la paroisse, en étaient en même temps les maîtres d'école et ils instruisaient gratuitement les enfants pauvres.

Il appert en effet de notes et pièces conservées aux archives de la paroisse, qu'il y eut très-anciennement des vicaires à Voisins ( la liste en remonte à 1614) qui n'avaient pour leur subsistance et entretien, que ce que Messieurs Gilbert, alors seigneurs, et les curés voulaient bien leur donner.... que depuis l'an 1693, le roi ayant acheté la seigneurie, les vicaires se trouvaient par cela même privés des libéralités que les seigneurs avaient coutume de leur faire,... que dans ces conditions, les principaux habitants se cotisèrent et réunirent une certaine somme qu'ils affectèrent à l'entretien d'un vicaire.... à condition qu'il « ... tiendrait les petites écoles, montrerait à lire et à « écrire aux enfants, leur apprendrait le catéchisme et les « instruirait dans tout ce qui regarde la religion et le culte « divin..... Il fut convenu que ledit vicaire pourrait rece-

---

(1) Arch. de la paroisse.
(2) Arch. de Seine-et-Oise, titres de la cure.

« voir une petite rétribution des enfants dont les père et
« mère seraient à leur aise, à l'égard des pauvres qu'il les
« instruirait gratis et sans distinction d'avec les riches » (1).

Quelques années après, M. Jean de la Motte, chevalier
de l'ordre de St-Michel, Conseiller du Roi, Intendant et
Ordonnateur des bâtiments du roi, arts, jardins et manu-
factures de France, seigneur d'Orsonville, Granvilliers,
Bretonville et autres lieux, propriétaire de la maison
appelée le fief Des Marchais à Voisins, et jouissant des droits
honorifiques dans l'église de ladite paroisse immédiatement après Sa Majesté, constitue 150 livres de rentes rache-
tables à 3,000 livres au profit de l'œuvre et fabrique de
Voisins, et pour servir à l'entretien d'un vicaire dans ladite paroisse... à la charge par ledit vicaire de tenir école,
instruire et enseigner à lire et écrire aux enfants de la paroisse... moyennant quoi le sieur et la dame de la Motte
obtinrent, pour eux, leurs hoirs, successeurs et ayant cause,
pleine et entière jouissance de la chapelle Ste-Barbe...
avec permission de faire fermer cette chapelle d'une grille,
afin que personne n'y entre sans leur permission... (1)

La donation de Jean de la Motte forma le noyau du traitement régulier affecté à l'entretien du vicaire. Ce traitement
fut porté à la somme de 408 livres à partir du 1er Janvier 1771.

La maison d'école que les vieillards de Voisins appelaient
le Vicariat, appartenant à la fabrique, fut vendue comme
bien national en Ventôse de l'an IV, moyennant 270 fr. (2)
Cette maison existe toujours.

## LES CURÉS DE VOISINS.

La liste des curés est ininterrompue depuis :
Messire Etienne NICOLLET qui fut curé jusqu'en 1576 ;

---

(1) Arch. de la paroisse.
(2) Arch. de Seine-et-Oise, reg. des ventes nationales.

On trouve ensuite Henri Roisné, depuis la St Rémy de 1576, jusqu'au 17 août 1612;

Il eut pour successeur M. Denis Bigault, bachelier en théologie, qui fut curé jusqu'au 7 mars 1627 et fut enterré dans l'église.

Du 4 mars au 20 ou 29 juin de la même année, on trouve François Gouvier, né à Bordeaux, auquel succède Messire Robert-Alexis Defontaine, curé jusqu'au 1ᵉʳ août 1629.

Ces deux derniers curés n'ont pas résidé.

Messire Martin Mercier, natif de Voisins, remplit les fonctions curiales depuis 1629 jusqu'au 16 dééembre 1655; il avait un oratoire à Brouessy. Sa tombe, dans l'église de Voisins, est dans un bon état de conservation.

On trouve ensuite Mathurin Lesueur, né à Trappes; décédé le 27 septembre 1689 et enterré dans l'église.

Puis Daniel Dubois, natif d'Argenteuil, décédé le 13 septembre 1693 et dont la pierre tombale, cassée en deux, a été placée près de la sacristie.

Vient ensuite Messire Nicolas L'hostellier-Dumesnil, natif de St-Germain en-Laye, doyen et chanoine de Notre-Dame de la... dans la cathédrale de Meaux (?), ancien curé de L'Etang-la-Ville.

M. L'hostellier-Dumesnil fit faire de nombreuses réparations à son église. La sacristie a été bâtie par lui; la porte de l'église fut dégagée d'un porche qui l'obstruait; on lui doit le rétable du maître-autel, et il fit exécuter 6 tableaux par le sieur Neveu, peintre à Paris, pour orner le grand-autel.

Ces détails sont tirés des registres de la paroisse, conservés à la mairie de Voisins. M. L'hostellier inscrivait sur ces registres la relation des événements qui lui paraissaient ne pas devoir tomber dans l'oubli. Il y note les faits intéressant spécialement la paroisse, par exemple, ce qui a rapport aux réparations et embellissements faits à l'église, ou bien la relation de la visite pastorale, faite le 21 octobre 1701, par Mgr l'Eminentissime cardinal Louis-Antoine de Noailles..., qui célébra la sainte messe, prêcha, donna la confirmation et dîna dans la maison curiale. Il nous apprend qu'un *Te Deum* fut chanté en l'église de Voisins, le 5 juin 1713, à l'occasion de la signature du traité d'Utrecht, et que M. de la Motte donna un régal dans sa maison de Voisins et fit tirer un grand feu d'artifice avec fusées, pétards et musique.

L'abbaye de Port-Royal-des-Champs, foyer et forteresse du Jansénisme, touchait à son déclin lorsque M. L'Hostellier-Dumesnil vint à Voisins et le refus obstiné qu'apportèrent les quelques religieuses la composant, de se soumettre tant à l'autorité spirituelle qu'à l'autorité temporelle, devait en amener la ruine complète.

La destruction de ce célèbre monastère, situé si près de sa paroisse ne pouvait manquer de préoccuper le curé de Voisins et il nous en a laissé la relation suivante :

« Le 29 octobre 1709 le roi envoya M. d'Argensou, con-
« seiller d'Etat et lieutenant-général de police à Paris,
« avec lettres de cachet à Port-Royal-des-Champs où il ne
« restait plus que 14 religieuses de chœur et 8 sœurs con-
« verses, lesquelles ne voulant obéir ni au roi, ni au pape,
« ni à Monseigneur de Noailles, archevêque de Paris, pour
« signer le formulaire contre Jansénius, furent transférées
« séparément dans divers couvents et les biens affectés à
« Port-Royal-de-Paris. Et Mme de Château-Renaud, abbesse
« dudit Port-Royal-de-Paris, en prit possession, en ôta le
« St-Sacrement de l'église et l'office divin y cessa ; l'année
« suivante, la maison fut rasée. » (1)

Notre curé note aussi les faits généraux de l'histoire de son temps : déclarations de guerre, traités de paix, naissances, mariages et décès de princes et princesses; enfin il relate l'apparition de divers fléaux qui sévirent sur sa paroisse pendant qu'il en était le pasteur.

---

(1) Arch. de la commune.

En 1693, M. L'Hostellier eut à enregistrer une année malheureuse. « Cette année 1693 a été appelée l'année « chère parce que le blé se vendit jusqu'à la moisson de « 1694, 50 francs le septier et le bon 66 livres. Le vin valut « 80 livres la demi-queue et il y eut très peu de fruits de « toute façon. » (1)

Une autre calamité frappa la paroisse l'année suivante. Des fièvres pourpreuses régnèrent en 1694 et firent mourir plusieurs personnes. Par contre, la récolte des grains et des vins fut très abondante et fit oublier la chèreté de l'année précédente.

Voici la note relative au terrible hiver de 1709 : « Chère « année, grand hiver, année d'orge. » Cette année on faisait « du pain de pois gris, de vesce, d'avoine et de féverolles, « d'orge, de sarrazin et de tous grains. » Et plus bas. « Le « jour des Rois.... commença le froid, et la gelée fut si « rude que les avoines et les blés gelèrent sur pied, et que, « de mémoire d'homme, il n'y a pas eu d'hiver si violent « depuis 1608, il y a cent ans. Tous les noyers et les châ- « taigniers gelèrent entièrement. Le vin valut 150 fr. la « demie-queue, qui ne descendant l'année précédente qu'à « 10 liv. Le pain blanc valut 8 sols la livre et le pain d'orge « 4 sols la livre. On relaboura les blés et on sema sur ces « labours, de l'orge, du sarrazin, pois, vesces et tous les « grains. Le blé froment fut vendu 96 l. le septier, l'orge se « vendit 52 livres, le sarrazin 50 livres le septier. » Puis l'article se termine par cette réflexion mélancolique. « Avec « cela une grosse guerre contre l'Empereur, l'Angleterre « et la Hollande, pour la Couronne d'Espagne. » (1)

Après M. L'Hostellier-Dumesnil décédé à 74 ans le 17 juillet 1713, et inhumé dans l'église de Voisins, il y eut une courte vacance; puis nous voyons apparaître Me Antoine PORCHER, décédé le 9 août 1731 à l'âge de 71 ans. Son corps repose dans le chœur de son église.

---

(1) Arch. de la commune.

Ensuite François Gabriel BLANCHET, bachelier en Sorbonne et prieur de St-Valérien de Poitou, décédé le 26 août 1768 à 64 ans. Il est le dernier curé enterré dans l'église.

Il fut remplacé par messire Charles-Edme LEBEAU, qualifié dans son acte de décès de vénérable, discrète et scientifique personne. M. Lebeau mourut âgé de 78 ans, le 28 avril 1789, à Paris où il s'était rendu aux assemblées convoquées pour les Etats Généraux.

Les curés des environs firent transcrire son acte de décès sur l'un des registres de la paroisse « ...pour faire voir jusque dans les siècles les plus reculés, le respect et la vénération qu'ils portaient à la mémoire de leur vénéré collègue. »

Jean-Pierre DIEULOUARD exerçait au moment de la Révolution.

En juillet 1790, il chante en présence de la Municipalité et de la Garde nationale le Te Deum lors de la célébration à Voisins de la Fête de la Fédération.

Six mois plus tard il s'agit de prêter serment à la Constitution Civile du Clergé. Le curé de Voisins jura : avec restriction, cependant.

Le procès-verbal de la prestation de serment mentionne que le vendredi 21 janvier 1791, M. Jean-Pierre Dieulouard, curé de la paroisse de Voisins, fit savoir à la Municipalité la disposition où il se trouvait de prêter le serment civique exigé par l'Assemblée Nationale de tous les fonctionnaires publics et que le dimanche suivant, 23 janvier, il monta en chaire et après avoir, dans un préambule, déclaré être « attaché d'esprit et de cœur à ce grand principe de la foi catholique, apostolique et romaine dans laquelle il voulait vivre et mourir » et excepter les objets qui dépendaient essentiellement de l'autorité spirituelle, il prêta le serment en ces termes :

« Je jure de veiller avec soin sur les fidèles dont la con-
« duite m'a été ou me sera confiée ; d'être fidèle à la nation
« à la loi et au roi, et de maintenir de tout mon pouvoir,

« dans l'ordre civil, la constitution décrétée par l'Assemblée
« Nationale et acceptée par le roi. » (1)

Dieulouard était donc assermenté. Ayant adhéré à la constitution schismatique il conserva sa cure ; mais ce ne fut pas
pour longtemps. On sait en effet que pendant la Terreur, on
n'établissait guère de différence entre les prêtres réfrac-
taires et les prêtres assermentés, lorsque ces derniers re-
fusaient de suivre la révolution dans ses excès, et il ne paraît pas avoir été tenu grand compte au curé de son adhé-
sion première aux idées nouvelles.

En effet, la tradition locale rapporte que traqué, pour-
suivi et recherché, le curé Dieulouard eut grand'peine à
échapper aux énergumènes acharnés à sa poursuite et fut
réduit de se cacher dans une ferme de Voisins, sous les ha-
bits d'un garçon de cour. Il parvint cependant à s'échapper
et se réfugia à Versailles, où il résida pendant 8 mois à la
section de Satory.

Après la chute de Robespierre il revint à Voisins et le 18
prairial de l'an III, (1er juin 1795) se présenta, à la de-
mande des habitants de Voisins, pour exercer le culte catholique conformément aux décrets de la Convention sur la
liberté des cultes et l'ouverture des églises. Il fit sa déclaration de soumission aux lois de la République entre les
mains de la Municipalité qui lui accorda, le 6 vendémiaire
de l'an IV, l'autorisation de résider au presbytère à com-
mencer dudit jour. Le 6 brumaire de l'an IV, il comparut
encore devant le corps municipal et fit la déclaration suivante : « Je reconnais que l'universalité des citoyens fran-
« çais est le souverain, et je promets soumission et obéis-
« sance aux lois de la République. » Puis nous le retrouvons, le 25 mars 1801, (5 germinal de l'an IX) jour où il
préside à l'adjudication des bancs de l'église de Voisins.

L'année suivante, M. Jean-Pierre Dieulouard fut nommé

_____

(1) Arch. de la commune, registre des délibérations.

curé de St-Germain-en-Laye (le 7 Brumaire an XI — 29 octobre 1802). Il démissionna le 11 juin 1816 et mourut à Saint-Germain en-Laye le 30 avril 1827, âgé de 82 ans 4 mois. Il était chanoine honoraire de Versailles. (1)

Maintenant que nous avons suivi le curé de Voisins pendant la Révolution, tournons les yeux d'un autre côté et voyons ce que devint notre paroisse à cette époque néfaste.

On se doute bien que l'église n'échappa pas à la profanation. Ses biens-fonds subirent le sort commun aux possessions du clergé et les 24 arpents de terres et prés que possédait la fabrique de Voisins, ainsi que le presbytère, la maison d'école et autres immeubles furent vendus nationalement moyennant le prix total de 71.470 fr. (2)

Les meubles « et autres ustensiles de la ci-devant église » furent vendus à l'encan le 20 germinal an II ; la vente produisit 682 fr. Dès le 7 ventôse précédent le linge avait été porté au district (3). Devenue Temple de la Raison, l'église de Voisins servit de local pour les réunions révolutionnaires.

Voici, relevé sur le registre des délibérations du conseil municipal de Voisins, le récit d'une réunion tenue dans l'église pendant la Terreur.

C'était le 30 nivôse an second de la République une et indivisible. Quatre commissaires nommés par les représentants du Peuple et par la société Populaire, séant au Palais national à Versailles, se présentèrent en la commune et demandèrent « la convocation de tous les citoyens et ci-
« toyennes qui se sont aussitôt assemblés et réunis dans le
« Temple de la Raison. L'un des Commissaire a annoncé
« les pouvoirs de la Commission et en a requis acte. Ils ont
« témoigné leur satisfaction de ce que les vestiges de la su-
« perstition avaient disparu de ce temple où l'on voit

---

(1) Arch. de la paroisse de Saint-Germain-en-Laye.
(2) Arch. de Seine-et-Oise.
(3) Arch. de la commune.

« maintenant flotter le drapeau tricolore. Après des dis-
« cours patriotiques et des invitations fraternelles auxquels
« l'assemblée a vivement applaudi, ledit Clochet (l'un des
« commissaires) a chanté des hymnes patriotiques et donné
« au Président, au nom de nos frères de Versailles, le
« baiser fraternel. (Suit l'énumération faite par lui des
« bienfaits de la Convention et le récit du bonheur dont
elle doit encore combler le peuple) « Durant le cours de
« cette intéressante séance, ajoute le procès-verbal, les
« voûtes du temple ont souvent retenti des cris multipliés de
« Vive la République. » (1)

Ce compte-rendu peut servir de spécimen et nous laisse
facilement deviner ce qu'il advint alors des images et in-
signes religieux.

Je ne m'arrêterai donc pas sur le martelage des mots :
Dieu, âme, curé, ni sur la destruction des six tableaux dont
le maître-autel avait été orné en 1707 ; mais parmi « les
vestiges de la superstition » disparus à cette époque, il con-
vient de citer la croix du clocher. Patience, cependant ;
l'arbre de la liberté aura son tour. Il sera vendu le 17 mai
1807 pour 4 fr. 95, comme étant nuisible au public (1), tandis que la croix, rétablie sur le clocher le 5 juillet 1806, re-
viendra dominer notre modeste église qui, déjà du reste,
était rendue au culte depuis plusieurs années.

Mais reprenons la nomenclature des curés :

Dans les premiers mois de 1805, Voisins fut desservi par
le curé de St-Lambert. Puis M. BARON fut nommé curé de
Voisins en 1805. Ce curé mourut à Voisins le 2 septembre
1806, âgé de 79 ans.

M. PRADELLE fut nommé curé de Voisins en 1807 ; il y
habita jusqu'au 28 mars 1808.

Depuis lors la cure fut desservie par les curés des environs jusqu'au 31 décembre 1851. A cette époque, M. l'abbé

(1) Arch. de la commune.

Joseph-Clément Maloizel fut nommé curé résidant de Voisins et entra en fonctions le 2 janvier suivant.

La liste des vicaires remonte presque aussi haut que celle des curés. La voici :

1614. Henri...

1639. Décembre, Michel Jourdan.

1659. 14 juillet † 4 juin 1660, Claude Trumeau.

1669. 19 mai, Louis Boisseau.

1692. 13 octobre, Bodey.

.......... Pierre Grimond.

1730. Du Quesne.

1732. Chopin.

1736. Binet.

1760. Le Normand.

1768. Verger.

1771. Trouvain.

1789. 1er juin, Adam.

Voisins n'a pas de hameaux. La nomenclature des lieux dits offre peu de noms caractéristiques. On peut citer cependant : les *Ruelles*, où s'élevaient il y a quelques années 3 ou 4 masures; le *Plant de l'Eglise*, le *Plant de la Guèche*, le *Clos de la Maison Bourgeoise*; la *Croix du Bois*, où, depuis plusieurs siècles, une croix marque la limite de la paroisse. La croix qu'on voit aujourd'hui a été élevée en 1822 ou 1823, à la suite d'une mission prêchée à Voisins. La *Porte de Voisins*. La qualification de ce dernier lieudit rappelle que là était construite une porte du Grand Parc de Versailles, porte détruite depuis une quarantaine d'années; la grille en fer qui la fermait avait été portée au district pendant la Révolution, pour obéir aux réquisitions de la Convention et la Municipalité l'avait fait remplacer par une porte de bois. On trouve aussi les deux champtiers du *Jeu-de-Paume*, où chaque dimanche avant la Révolution, se réunissaient les jeunes gens de Voisins pour s'y livrer à leurs ébats; et celui de la *Justice*.

A deux pas du village, quoiqu'en dehors de la paroisse

2

se trouve *la côte du Trésor* à laquelle se rattache une légende qui intéresse trop la paroisse de Voisins-le-Bretonneux, pour que je la passe sous silence, car, si aujourd'hui l'habitant de Voisins la gravit sans trembler, cette côte du Trésor, il n'en a pas toujours été ainsi. En effet sachez que c'était un lieu maudit, une colline hantée par les puissances infernales. La nuit surtout, Satan régnait en maître, et à aucun prix le faible mortel n'aurait eu l'audace de venir troubler l'esprit malin. Pendant le jour, lorsque le soleil brillait avec éclat, la puissance du Prince des Ténèbres, sans être absolument anéantie, semblait cependant bien moins redoutable; aussi nos pères pouvaient-ils alors rechercher un trésor merveilleux caché dans les flancs du coteau et que Lucifer gardait avec un soin jaloux. On travaillait avec ardeur et les fouilles s'étendaient sur toute la colline. Mais bientôt, la nuit étendait ses ailes noires sur la vallée de Port Royal. Alors l'Angelus tintait à Notre-Dame de Voisins et chacun s'empressait de regagner sa chaumière, car malheur à l'imprudent ou au téméraire que Satan aurait surpris dans son domaine pendant la nuit sombre !

Le lendemain matin les bons villageois s'empressaient de revenir. Mais hélas, quel spectacle les attendait ! Les travaux étaient bouleversés, les tranchées comblées, les outils brisés. C'était Satan qui affirmait ainsi sa puissance et punissait les audacieux qui avaient osé le troubler dans son domaine.

Tout était donc à recommencer, et on recommençait; mais le diable qui ne se lassait pas, détruisait encore durant la nuit les travaux exécutés pendant le jour. Les pauvres paysans continuaient cependant leurs recherches, car le trésor enfoui était d'un prix inestimable.

Cependant une terreur intense se répandit sur toute la contrée. Il y avait, en effet beaucoup de personnes que le trésor ne tentait nullement et qui se trouvaient fort peu rassurées d'avoir pour proche voisin, le prince des ténèbres aussi bientôt nul n'osa-t-il approcher de cette côte maudite où l'esprit malin s'était établi à demeure.

Cela durait depuis longtemps, très longtemps, lorsqu'enfin les habitants de Voisins prirent la résolution de débarasser la contrée de cet hôte peu agréable. Un matin, au lever de l'aurore, on put voir une longue procession sortir de Notre-Dame de Voisins-le-Bretonneux, dont l'unique cloche sonnait à toute volée, et se diriger vers la Côte du Trésor. C'étaient les habitants du village, qui, conduits par leur vieux pasteur et précédés par la croix de la paroisse, allaient pleins de confiance attaquer Satan jusque dans son antre, et le sommer de quitter la contrée sans délai.

Le diable, ainsi exorcisé, ne put résister un seul instant et aussitôt que la croix de la paroisse eut touché la Côte du Trésor, Satan, vaincu, s'enfuit et disparut pour toujours laissant sans gardien le Trésor, où chacun pourra puiser à pleines mains — lorsqu'il l'aura trouvé !

---

# LA SEIGNEURIE.

On possède assez peu de renseignements sur la contenance de la seigneurie.

En 1693, la terre et seigneurie de Voisins consistait en « toute justice, haute, moyenne, et basse, château, etc.... « droits seigneuriaux et féodaux, cens, rentes, lods et « ventes, droits de greffe et de tabellionnage ; — le château « et maison seigneuriale composé de plusieurs corps de lo- « gis et pavillons, dans l'un desquels il y a une chapelle ; « granges, colombier, bergerie, écurie, le tout entouré d'un « fossé à fond de cuve, dans lequel il y a de l'eau..... Un « pressoir à cidre construit derrière ledit château le long

« des fossés et sur le carrefour du village, parc, jardin, bois,
« prés, pâtures, terres labourables » (1).

Quoique le village et paroisse de Voisins-le-Bretonneux
fussent compris dans la Justice et Prévosté de Châteaufort,
la seigneurie était mouvante de la Norville, près d'Arpajon.

L'acte d'acquisition de 1693 est formel à ce sujet. On y
lit : « Mouvante et relevante, ladite terre de Voisins-le-
Bretonneux, en plein fief, foi et hommage du sieur Delaclos,
secrétaire du Roi, à cause de sa terre et seigneurie de la
Norville, à charge vers elle des droits et devoirs seigneuriaux, suivant la coutume » (1).

Dans une autre pièce des titres de Chevreuse, Jean Delaclos prend les qualités suivantes : Nous, Jean-Baptiste
Chanderlos Delaclos, conseiller, secrétaire du roi, seigneur-
châtelain de la terre et seigneurie de la Norville et en cette
qualité, suzerain de la terre et seigneurie de Voisins-le-
Bretonneux (1).

Non-seulement Delaclos prend le titre de suzerain, mais
encore il touche en cette qualité, une somme de 12,000
livres à laquelle il réduit et quitte tous les droits de quints,
lods, ventes et indemnités qui lui pouvaient appartenir et
être dûs à cause de l'acquisition faite par les dames de
St-Louis, de la terre et seigneurie de Voisins-le-Bretonneux,
pour ce qui relevait de lui. (1)

L'ancien château féodal devait s'élever sur l'emplacement
où l'on voit aujourd'hui la grande ferme de Voisins, qui elle-
même occupe les bâtiments ayant autrefois composé le ma-
noir des Gilbert, appelé en 1585 « hostel et lieu seigneurial » et qualifié château en 1633. Cette ferme, située sur la
place du village, n'a pas encore perdu tout cachet originaire
malgré les importants travaux qui viennent d'y être
exécutés.

On peut faire remonter au règne de Henri IV la construc-
tion des bâtiments d'habitation. Les larges fossés à fond de

---

(1) Arch. de Seine-et-Oise, titres de Chevreuse.

cuve et le colombier mentionnés en 1693 se voient encore, mais on a perdu tout souvenir de la chapelle dont il est parlé au procès-verbal de 1693. Jusqu'à ces dernières années, on retrouvait des traces du pont-levis. Elles viennent de disparaître par suite des travaux faits dans les fossés.

Le pressoir existe toujours, et chose assez curieuse, les habitants de Voisins s'en servent encore aujourd'hui à peu près exclusivement pour faire leur cidre.

## OFFICIERS DE LA SEIGNEURIE.

Pierre Gilbert, écuyer, seigneur de Voisins, obtint vers 1653 du marquis de Sourdis, seigneur de Châteaufort, cession du droit de toute justice, dans l'étendue de la seigneurie de Voisins, avec permission d'y établir des officiers, à la charge du ressort devant le prévôt de Châteaufort (1). Cette concession ne fut accordée au sieur Gilbert que pour lui et ses descendants seulement.

Pierre Gilbert usa de la faculté qui venait de lui être octroyée d'établir dans ses domaines des officiers seigneuriaux.

Il créa en effet des charges de tabellion, de prévôt, de procureur fiscal et de lieutenant, et prit en grande partie parmi ses vassaux, les titulaires de ces offices.

Voici les noms que j'ai pu retrouver :

## PRÉVOTS.

1664. Antoine DANTI.
1665. 1677. Jean LEGUAY, procureur au Châtelet de Paris, prévost, juge et garde de la prévosté, terre et seigneurie de Voisins-le-Bretonneux.

_____

(1) Lebeuf, *Hist. du diocèse de Paris.*

1681. Claude François BRIDORE, prend les mêmes qualités.

1692. Jean COUÉ, procureur-fiscal au bailliage et duché de Chevreuse, prévost de la prévosté, terre et seigneurie de Voisins-le-Bretonneux.

## PROCUREURS FISCAUX.

1664-1677. Jacques CHEVALLIER.
1679. Eloy PIOT.

## GREFFIERS ET TABELLIONS.

1664. 1684. Henri LESUEUR.
1688. 1691. François RÉVÉREND, greffier et principal tabellion juré de la prévosté de Voisins le-Bretonneux.

## LIEUTENANTS.

Je n'en ai retrouvé qu'un : c'est Pierre de la LANDE qui est qualifié lieutenant de la seigneurie en 1656 et 1664.

## RECEVEURS.

François RÉVÉREND est qualifié en 1706 de fermier et receveur pour le roi, de la terre, chasteau et seigneurie de Voisins-le-Bretonneux.

## FIEFS.

On connaît le nom de 3 fiefs situés à Voisins-le-Bretonneux.

Le procès-verbal de la Coutume de Paris dressé en 1580, nous apprend le nom de deux de ces fiefs savoir : celui de Guy de Méridon et celui de Boullard. On ne trouve pas d'autre trace de ces 2 fiefs qui étaient possédés alors par Pierre Gilbert.

On possède des renseignements un peu plus nombreux sur un autre fief, le fief-chef des Marchais ou du Marchais.

C'est sans doute ce fief que possédait un sieur Hébert, qui, en 1659, est qualifié seigneur de Voisins (1).

Le 21 novembre 1677, Raphaël Gilbert, seigneur de Voisins, porte aussi la qualité de seigneur du fief des Margais, en partie.

On voit ensuite, le 18 mars 1684, que Gilles-Pierre Gilbert est seigneur du fief des Marchais, en partie, l'autre partie appartenant au sieur Aubert père.

Au commencement de 1693, le fief des Marchais appartenait en commun à 1° M. François Aubert, avocat au Parlement et Michel Aubert, son frère mineur ; 2° Jacques Faverot de Neufville, écuyer, seigneur de Souye et de St Aubin et Anne-Catherine Parfait, son épouse ; 3° Marguerite Legallis, veuve d'Etienne Pellet, conseiller du roi, Président en l'élection de Paris ; Jean-Etienne Pellet, son fils, commissaire de l'artillerie et Marguerite Pellet, sa fille, femme de Pierre Huot, Conseiller, ci-devant Trésorier des gardes du corps (2).

Ces personnages vendirent, le 6 juin 1693, à l'abbaye de St-Cyr, un tiers environ dudit fief, soit 81 arpents 34 perches de terre labourable (dont 54 arpents 25 perches appartenant aux sieurs Aubert seuls, loués à raison de six livres l'arpent et 27 arpents 9 perches en commun aux sieurs Aubert, de Neuville et veuve Pellet ès-dits noms, loués à raison de 100 sous l'arpent), le tout moyennant 11928 livres.

Il fut convenu, dans le contrat de vente, que les sieurs Aubert continueraient à jouir dans l'église de Voisins des mêmes honneurs et droits que par le passé, droits et hon-

---

(1) Arch. de Seine-et-Oise, fonds A, domaine de Versailles.
(2) Arch. de Seine-et-Oise, titres de Chevreuse.

neurs auxquels ils avaient droit comme seigneurs de fiefs, immédiatement après les seigneur de Voisins.

Le même jour, les sieurs Aubert, de Neuville et la veuve Pellet vendirent au roi le surplus du fief des Marchais, montant à 131 arpents 84 perches et contenant les bâtiments de la ferme ou fief des Marchais, moyennant 1404 livres 8 sous (1).

Quelques jours après, le 18 juillet 1693, le roi acquit, des dames de St-Louis, les 81 arpents de terre qu'elles venaient d'acheter aux sieurs Aubert et consorts, et les réunit à son domaine (1).

M. de la Motte était propriétaire au commencement du XVIIIᵉ siècle de la maison appelée le fief des Marchais (2).

La fermes des Marchais, siége du fief de ce nom, consistant en un logement pour le fermier, grange, écurie, bergerie, vacherie, toit à porcs, hangars et autres bâtiments au milieu desquels était une cour dans laquelle on entrait par une grande porte charretière, jardin derrière, planté d'arbres fruitiers à haute tige, clos de murs, le tout contenant 4 arpents 59 perches. Elle a été démolie il y a quelques années.

En 1693, lors de l'acquisition, la terre et seigneurie de Voisins était chargée envers le sieur Aubert fils, à cause de 2/3 lui appartenant du fief des Marchais de 6 boisseaux 1/2, un quart et demi-quart de blé froment de rente seigneuriale, mesure de Paris, sur 2 arpents 77 perches de terre, faisant partie de plus grande quantité due solidairement avec plusieurs particuliers comme tenanciers de terres mouvantes dudit fief; et ce, à raison de 2 boisseaux 1/2 par arpent. (3).

---

(1) Arch. de Seine-et-Oise, titres de Chevreuse.
(2) Arch. de la paroisse.
(3) Arch. de Seine-et-Oise, titres de Chevreuse.

# LES SEIGNEURS.

## FAMILLE DE VOISINS.

Il est assez difficile de distinguer entre eux les différents personnages du nom de Voisins à cause de la proximité des localités portant ce nom : Voisins-le-Bretonneux, Voisins-le-Cuit, Voisins près Marly ou Voisins près Rambouillet.

Voici cependant la liste de ceux qui paraissent devoir être attribués à Voisins-le-Bretonneux.

Hugues de Voisins. En 1118 vivait Hugues de Voisins, mari d'Herseude, fille d'Ansold, seigneur de Maule (1).

Rodolphe de Voisins. (*Radulphus de Veisins*) paraît comme témoin, vers 1168, à une charte donnée par Adam de Chapelle en faveur de l'abbaye des Vaux-de-Cernay.

Le même Rodolphe de Voisins est encore témoin du monastère vers 1176 ou 1180, à une charte de confirmation de celle dont il vient d'être parlée, donnée par Jean, évêque de Chartres (2).

Pierre de Voisins prit part à la 3ᵉ Croisade en 1191 (3).

Milon de Voisins que l'on trouve ensuite, paraît comme témoin avec Guillaume de Voisins, à une charte donnée en 1202, en faveur de l'abbaye de Ste Geneviève, par Mathieu de Marly (4).

En 1204, il tenait de Guillaume de la Ferté un fief au Porroys qu'il avait acheté du prieur Bouet. Il le céda à Odon de Sully, évêque de Paris, et à Mathilde de Garlande, femme de Mathieu Iᵉʳ de Marly pour y établir une communauté de

---

(1) Réaux, *Histoire de Maule*.
(2) Moutié, *Cartul. des Vaux-de-Cernay*.
(3) P. Roger, *la Noblesse de France aux Croisades*.
(4) Duchesne, *Histoire de Montmorency*.

religieuses. C'est là l'origine de la fameuse abbaye de Port-Royal-des-Champs, dont les ruines se voient à une petite lieue de Voisins (1).

L'an 1206, le même Milon de Voisins, qui alors porte le titre de Chevalier, donne à bail d'admodiation et à perpétuité aux religieux des Vaux de-Cernay, 2 mesures de blé, une d'avoine et une autre de méteil à prendre sur sa terre labourable, située dans la paroisse de Saint-Nom (2).

GUILLAUME DE VOISINS, nous l'avons vu plus haut, était témoin en 1202, à un acte en faveur de Ste-Geneviève.

En 1208, considérant que « les laïques ne doivent pas, sous peine de damnation, conserver les biens des églises, non plus que les dîmes et poussé par l'inspiration divine, » il donne au monastère des Vaux-de-Cernay, du consentement de son épouse Marguerite et de ses fils, Pierre et Guillaume, une demi-mesure de méteil à prendre dans sa dîme de Maule (2).

On voit aussi, par une charte de Pierre de Voisins que ce Guillaume fit encore don aux mêmes religieux, d'une maison près de Maule (2).

PIERRE DE VOISINS joua un rôle des plus actifs à la croisade dirigée au XIIIᵉ siècle contre les Albigeois. Il n'est nommé, avant son départ pour le Languedoc, que dans une charte de l'Abbaye des Vaux de-Cernay, datée de 1208, et où l'on voit que Pierre consent à une donation de son père Guillaume en faveur de ladite abbaye.

En 1209, lorsqu'à la suite du meurtre du légat Castelnau la croisade fut proclamée contre les Albigeois, Pierre de Voisins, à l'exemple de nombreux chevaliers de nos contrées, prit la croix. Il accompagna son puissant voisin, Simon de Montfort, à cette expédition où il devait se distinguer par ses exploits et au cours de laquelle il conquit tout un nouveau domaine.

---

(1) *Gallia Christiania.*
(2) Moutié, Cartul. des Vaux-de-Cernay.

On ne connaît pas la part prise par Pierre de Voisins aux premiers exploits des Croisés. Ses services durent être grands, cependant, puisque Simon de Montfort, pour l'en récompenser, lui fit donation, dès avant le mois de juin 1212, de plusieurs terres dans la Sénéchaussée de Carcassonne, entre autres, les seigneuries de Razès, Arques, Confolens, Limoux, etc (1).

Un assignat de 1000 livres de rente sur le diocèse de Carcassonne lui fut concédé au mois de septembre 1231 : St Louis approuva et confirma cette donation par deux lettres datées, l'une à Aigues-Mortes, en août 1248, et l'autre en l'an 1260 (2).

Pierre se procura ainsi dans le Midi un établissement considérable qu'il transmit à ses descendants et que ceux-ci agrandirent par la suite. La donation primitive se composait, suivant un dénombrement fait en 1325 par Géraud de Voisins, chevalier, de 243 feux dont 145 dépendaient de la baronnie d'Arques.

Pierre de Voisins paraît avoir exercé temporairement les fonctions de maréchal du Comte de Montfort. C'est du moins ce qui ressort d'une charte donnée entre le mois de mai 1216 et celui de juin 1218 ;

Itier de Villabœ et Guiraud de Cabrols, chevaliers du pays d'Agenois, y déclarent à Simon de Montfort qu'ils lui ont prêté serment de fidélité entre les mains de Pierre de Voisins, son maréchal. *(Celsitudini vestræ presentibus inotescat quod nos loco vestri venimus coram mareschallo vestro D. Petro de Vicinis et Philippo seneschallo Agenensi.)* (3).

---

(1) Dom Vaissète, *Histoire générale du Languedoc.*
(2) Catel, les comtes de Toulouse.
(3) J'ai suivi pour la lecture des noms qui précèdent l'opinion de M. Molinier (Actes de Simon de Montfort, bibl. de l'Ecole des Chartes, t. 34, p. 469). Dom Vaissète (III, 274), mettant une virgule après *Marescalo vestro*, y voit Gui de Lévis qui aurait été accompagné de Pierre de Voisins et de Philippe, sénéchal d'Agenais. En adoptant cette lecture, Pierre de Voisins n'aurait pas été maréchal du comté de Monfort.

Vers la fin de l'année 1217, Toulouse se soulève et chasse les croisés de ses murs. Montfort, prévenu aussitôt, accourt et assiège la ville, mais il éprouve une grande résistance et le siège traîne en longueur.

Pierre des Vaux-de-Cernay nous a conservé le souvenir d'un brillant fait d'armes accompli pendant ce siège par Pierre de Voisins et faisant le plus grand honneur à notre chevalier.

Les Toulousains, dit-il, assiégés depuis 7 mois, se défendaient courageusement et parfois l'emportaient sur les assiégeants. Or, il arriva vers ce temps-là que les Toulousains, tant cavaliers que fantassins, sortirent subitement, dans le dessein de surprendre l'armée des croisés et de la détruire. Et en effet, parmi ceux-ci, bien peu étaient en état de résister à cette sortie inopinée. Pierre de Voisins, chevalier des plus courageux, *(P. de Vicinis miles quidam strenuus)* était alors seul prêt à recevoir le choc de l'ennemi. A la vue d'un si grand danger, il se précipite, seul, au milieu des Toulousains ; ceux-ci l'entourent aussitôt. Mais le généreux comte de Montfort, qui jamais ne souffrit qu'aucun des siens pérît à cause de lui et était toujours prêt au contraire à donner sa vie pour ses amis, se jeta, suivi d'un seul chevalier, dans les rangs ennemis afin de délivrer Pierre. Les Toulousains se dirigent vivement sur lui et l'attaquent aussitôt : les coups pleuvent et il ne tarde pas à être blessé de toutes parts. Mais ce valeureux soldat reste intrépide au milieu de l'ennemi. Aidé du chevalier Pierre de Voisins, qui en cette occasion se conduisit brillamment, il tient les Toulousains en respect, jusqu'à ce que les croisés, qui avaient eu le temps de s'organiser, aient pu enfin arriver en masse et repousser l'ennemi. (1)

Cependant les jours de Montfort étaient comptés, et au moment où cet illustre guerrier pouvait croire que sa valeur et sa persévérance allaient être enfin couronnées de succès,

---

(1) Pierre des Vaux-de-Cernay, dans D. Bouquet, t. XIX.

une pierre lancée par un mangonneau vient frapper le général à la tête et délivrer ainsi les Toulousains de leur redoutable adversaire (25 juin 1218).

Son fils Amaury lui succède immédiatement comme seigneur des domaines conquis et comme général de l'armée des croisés. Après s'être fait prêter serment de fidélité par les barons et chevaliers auxquels Simon avait inféodé des terres du pays, il continue le siège de Toulouse ; mais après quelques tentatives infructueuses, il se voit obligé de le lever (25 juillet).

La guerre néanmoins continue entre Amaury et le jeune Raymond, qui a succédé à son père, mort en 1222, mais la fortune est désormais contraire aux armes des croisés. Amaury, qui n'avait pas le génie militaire de son père et dont l'armée était fort réduite, par suite du départ de bon nombre de chevaliers qui l'abandonnèrent pour aller guerroyer en Orient où une Croisade venait d'être proclamée, Amaury est obligé de traiter d'une trève avec les comtes de Toulouse et de Foix qui l'assiégeaient dans Carcassonne.

C'était le 14 janvier 1224. Le lendemain, Amaury de Montfort reprenait le chemin de France, accompagné de quelques guerriers français, faible débris de cette armée formidable qui avait dominé sur le Languedoc pendant 15 années. Trop faible pour faire valoir ses droits sur le Languedoc, il cède, au mois de février 1224, ses droits à Louis VIII et reçoit en échange la promesse de l'épée de Connétable.

Au nombre des chevaliers rentrés dans leurs terres patrimoniales par suite de la retraite d'Amaury, se trouvait Pierre de Voisins. On a vu qu'en 1208, avant de partir pour la Croisade, il avait donné son consentement à une donation de son père Guillaume en faveur de l'abbaye des Vaux-de-Cernay. A son retour il fait mieux. Par acte du mois d'août 1225, il ratifie d'abord cette donation ; puis fait don aux mêmes moines des Vaux-de-Cernay de 2 septiers de blé, 6 de méteil et 2 d'avoine à prendre chaque année dans la dîme dé Maule. L'acte est approuvé par ses frères, Guillaume, chevalier, et Simon, clerc, et par sa sœur Cécile, veuve de Hugues de Bordes (1).

Bientôt le roi dirige lui-même une nouvelle expédition et Pierre de Voisins ainsi que Guy de Lévis l'accompagnent. Les succès de l'armée royale furent rapides et la plus grande partie du pays ayant été bientôt reconquise, Pierre de Voisins put rentrer en possession des domaines dont il avait été dépouillé depuis la mort de Simon de Montfort.

On le voit assister comme témoin à différents actes. Ainsi il est témoin à l'acte de soumission signé à Narbonne le 21 novembre 1228, par lequel les deux frères Olivier et Bernard de Thermes se soumirent au roi après lui avoir remis leur château. Il se trouve aussi à celui du 16 juin 1229 passé à St-Jean de Verges, près Foix, et par lequel Roger Bernard se soumit sans réserves. Il apposa son sceau à ce dernier traité (2).

Le 12 avril de l'an 1229, le traité de Paris conclu entre Raymond VII et le roi de France mettait fin à cette longue lutte de 20 années contre les Albigeois et préparait la réunion du Languedoc à la France (2).

Pierre ne paraîtra plus pendant quelque temps, que dans des actes d'administration, par exemple comme témoin, le 4 août 1234, à un acte d'accord passé entre St Louis et l'évêque d'Agde, ou bien encore au jugement et à la condamnation comme hérétiques de Bernard Othon d'Aniort, 3 de ses frères et leur mère, avant les Cendres de l'an 1237 (à Carcassonne) (2).

Cependant malgré sa soumission le comte de Toulouse ne cessait de se remuer et cherchait par tous les moyens à recouvrer les domaines qu'il avait perdus. Le Languedoc était continuellement agité par les revendications des seigneurs *faidits*. L'un d'eux, le brave Trencavel, fils du der-

---

(1) Moutié, Cartul. des Vaux-de-Cernay.
(2) D. Vaissète.

nier vicomte de Béziers parut en armes pendant l'été dé 1240 et, à la tête de quelques chevaliers espagnols et de divers seigneurs de la contrée dépossédés comme lui, reprit une partie de ses terres. La ville de Limoux, qui, ainsi que nous l'avons vu plus haut, avait été inféodée à Pierre de Voisins au premiers temps de la Croisade, se souleva, ses habitants le chassèrent de leurs murs et firent aux armées royales tout le mal qu'ils purent.

Trencaval mit le siège devant Carcassonne, que Raymond refusa de secourir, et se rendit même maître des faubourgs ; mais les habitants de la Cité se défendirent avec opiniâtreté jusqu'à l'arrivée des secours envoyés par le roi. Guillaume des Ormes, sénéchal de Carcassonne, adressa le 13 octobre 1240 à la reine Blanche de Castille, régente du royaume, un rapport sur la levée de ce siège. Il le termine en disant que le seigneur Pierre de Voisins, S., connétable de Carcassonne, R (aymond) de Capendu et Gérard d'Ermenville se sont signalés à la défense de la place (1).

Limoux se soumit quelque temps après, et Pierre pardonna généreusement à ses habitants et leur rendit leurs libertés.

Raymond VII mourut le 27 septembre 1249 ; Blanche de Castille envoya aussitôt Guy et Hervé de Chevreuse, chevaliers, et Philippe, Trésorier de Saint-Hilaire, chapelain du comte de Toulouse, recueillir, aux termes du traité de 1229, la succession du comte de Toulouse. Ces délégués prirent, le 1er décembre 1249, possession du Comté de Toulouse, au nom de Alphonse de Poitiers, alors à la Croisade. Pierre de Voisins, avec quelques autres seigneurs des plus qualifiés de la province, fut présent à cette cérémonie et prêta serment de fidélité ainsi que la plupart des barons du Languedoc.

Les provinces du Midi étant définitivement soumises et le le dernier obstacle au maintien de la paix ayant disparu

(1) Douët d'Arcq, biblioth, de l'Ecole des Chartes, t. II.

avec Raymond, Pierre de Voisins qui jusqu'alors n'avait guère vécu en dehors des camps, put enfin quitter les armes.

Il devait certainement compter parmi les personnages les plus considérables du Languedoc, car il prit une part importante aux affaires de la contrée.

On le voit présent, le 7 décembre de 1249, à la prestation de serment de Hugues, comte de Rouergue, puis à un accord fait le 12 juin 1251 à Montauban, entre Alphonse, comte de Toulouse et de Poitiers, et les seigneurs de Pennes en Albigeois ; et encore à l'hommage rendu le 5 juillet de la même année par Guillaume de Barrière à Alphonse de Poitiers. En 1255, le roi d'Aragon demanda au roi de France le passage sur ses terres pour aller soumettre Montpellier qui s'était révolté : Saint Louis enjoignit à son connétable de Carcassonne d'assembler les prélats et les barons de sa sénéchaussée, entre autres le maréchal de Mirepoix et Pierre de Voisins pour examiner les sûretés que le roi d'Aragon devait donner en cette occasion. Trois ans plus tard, le 9 juin 1258, nous retrouvons Pierre de Voisins apaisant, de concert avec Pierre de la Grave et Simon de Ménestrier, un différend élevé entre Philippe II de Montfort, seigneur de Castres, et Pierre, vicomte de Lautrec.

Pierre de Voisins a occupé en Languedoc les premières charges militaires et administratives. Il fut successivement maréchal de l'armée des croisés, sénéchal de Carcassonne et enfin sénéchal de Toulouse et d'Albigeois. On l'a vu, plus haut, mentionné comme maréchal du comte de Montfort. Un seul document nous le montre comme sénéchal de Carcassonne. C'est une charte non datée, donnée sous le scel du sénéchal de cette ville. Ce sceau, qui est conservé aux Archives nationales porte trois fusées en fasce et a pour légende : *Si* GILLUM PETR *i* DE VICINIS MILITIS. En 1251, le chevalier Pierre de Voisins devint sénéchal de Toulouse et d'Albigeois, dignité qu'il conserva jusqu'en l'année 1254. En cette qualité de sénéchal, il donna, le 1er août 1251, le **bail** de la nouvelle monnaie de Toulouse. C'est encore en qualité de sénéchal de Toulouse que Pierre de Voisins, qualifié « *Dominus Petrus de Vicinis seneschallus Tolosanus pro illustri D. Alphonso, comite Tolosano et nomine et loco ipsius* » fit, le 12 mars 1252, sommation au comte de Comminges, d'avoir à lui remettre sa fille avant la prochaine fête de Pâques (1).

Le brave compagnon de Montfort, comme couronnement d'une vie déjà si remplie, devait, dans ses dernières années, être chargé d'une mission importante, mission de paix et de réparation. Il fit en effet partie avec Henri de Vézelai, Nicolas de Cahier et Guy Fulcodi, clerc du roi, du Tribunal formé en 1259 à Carcassonne, pour recevoir toutes les plaintes quels que fussent leur objet et leur auteur. Ce tribunal devait instrumenter dans les sénéchaussées de Beaucaire et de Carcassonne ; les commissaires se qualifient : « Inquisitores deputati ab illustrissimo rege Francorum super injuriis et emendis D. regis, in partibus albigensibus. »

On ignore en quelle année est décédé Pierre de Voisins. La date de sa mort doit cependant être portée entre l'année 1252 dans le courant de laquelle il travaillait encore, avec ses compagnons, à la restitution des biens mal acquis au Trésor et l'an 1268. En effet, à cette dernière date, le sénéchal de Carcassonne ayant enjoint à tous les seigneurs qui devaient, à cause de leurs fiefs, un certain nombre de jours de garde dans la forteresse de Carcassonne d'avoir à se rendre dans cette cité, on trouve parmi ces personnages, Jeanne, veuve de Pierre de Voisins.

Les enfants de Pierre de Voisins restérent dans leurs terres du Languedoc auxquelles ils ajoutèrent divers do-

---

(1) Vers 1250, il fut déboursé XIII livres X s. t. pour les dépenses faites par plusieurs seigneurs entre autres P. et G. de Voisins, à Toulouse, pendant 12 jours. En 1251, P. de Voisins versa au Trésor du comte, 1,000 livres de mutation; enfin, après l'Ascension de 1252, le sénéchal versa 3,880 livres 5 s. 8 t. provenant du bailliage de Toulouse.

maines du Thermenois et s'allièrent aux familles du Midi. Cette famille devint bientôt l'une des plus considérables de la contrée. Le Pape Sixte-Quint releva de ses vœux un de ses membres, chevalier de Malte « *pour pouvoir soutenir le nom de l'illustre maison de Voisins* ». (1)

Un ancien proverbe qui, avant la Révolution, avait cours dans le Languedoc, montre l'importance que cette famille avait acquise dans la contrée :

> Les Hunauds, les Lévis et les Rigauds,
> Ont chassé les Wisigots;
> Les Lévis, les Rigauds et les Voisins,
> Ont chassé les Sarrazins (2).

Les généalogistes sont d'accord pour constater l'illustration de la maison de Voisins. On peut voir dans l'histoire du Languedoc, par dom Vaissète, la part considérable qu'elle prit aux affaires de la contrée. Cette famille, dit Lainé, a fourni 6 sénéchaux de province et de ville, 9 gouverneurs généraux et particuliers, un chevalier banneret et des officiers de distinction dans les armées; des maréchaux de camp, brigadiers, mestres de camp, colonels, etc ; des chevaliers de l'ordre du roi et plusieurs chevaliers de Saint-Louis ; 5 gentilshommes ordinaires et chambellans de nos rois et princes du sang, des pages de la grande et petite écurie, 2 capitouls de Toulouse. Elle a donné 12 chevaliers à l'ordre de Malte, un Commandeur et un Sénéchal de Rhodes, un évêque de Carcassonne, un vicaire général de Mirepoix, président en 1518 et 1521 les Etats de Provence en l'absence des évêques. La famille a été admise aux honneurs de la Cour en 1787 et 1788. Une lettre de Chérins, écrite à cette occasion, constate que « cette race a tous les caractères qui constituent la haute noblesse : grandes possessions, services distingués et alliances illustres ».

La famille de Voisins a ses armes dans une des salles des Croisades du château de Versailles, et le nom de l'un de ses

---

(1) Vertot, *Hist. de Malte*, t. VI.
(2) D'Hozier, reg. VI (Rigaud).

membres, Lysander de Gélas de Voisins d'Ambres-Lautrec, est gravé sur l'une des tables de bronze de la Galerie des Batailles.

Les descendants de Pierre de Voisins ont donné naissance à plusieurs branches dont quelques-unes existent encore en Languedoc.

Les armes de Voisins, en Languedoc, sont : d'argent à 3 fusées rangées de gueules ; Tenant : un sauvage ; Support : un lion ; Devise : Pro fide.

Mais revenons dans l'Ile-de-France, où Pierre a laissé ses frères Simon et Guillaume et sa sœur Cécile.

SIMON DE VOISINS se fit clerc ; il donna en 1225 son consentement aux donations faites en faveur de l'abbaye des Vaux-de-Cernay par son frère Pierre lorsque celui-ci, par suite de ces revirements si fréquents à la guerre, fut dépossédé des domaines conquis par lui et revint un instant au pays natal.

Un peu auparavant, Simon avait vendu au Chapitre de N.-D. de Chartres la dîme de Géraudet, en la paroisse d'Ecrosnes.

GUILLAUME DE VOISINS, un autre frère de Pierre, consentit en 1208 à une donation faite par son père Guillaume aux moines des Vaux-de-Cernay.

Vers 1216 il tient un fief d'Isavie de Gambais, dans la paroisse de Nogent-le-Roi (1), au mois d'août 1225, Guillaume, qualifié chevalier, consent à une donation en faveur des religieux des Vaux-de-Cernay (2).

On ne sait rien de CÉCILE DE VOISINS, sinon qu'en août 1225 elle donnait son consentement à la donation de son frère Pierre en faveur de l'abbaye des Vaux-de-Cernay et qu'à cette époque elle était veuve de Hugues de Bordes.

ROBERT BASIN DE VOISINS, chevalier, donne en 1235 son consentement à une vente faite par Gautier de Thiverval,

(1) Arch. nationales, n° 9,777, registre de Philippe-Auguste.
(2) Moutié, Cartul. des Vaux-de-Cernay.

chevalier, et Isabelle, son épouse, à l'abbaye de N.-D. de la Roche, d'une vigne nommée la Croière, située près de Marly dont elle relevait, dans la censive dudit Robert, sous la redevance annuelle de six deniers de cens en la fête de St Rémy (1).

AGNÈS DE VOISINS et son époux Milon, écuyer, seigneur de l'Etang, sont nommés en compagnie de la dame d'Elancourt dans une transaction de l'an 1242 faite entre l'abbaye d'Argenteuil et Guy, seigneur de Chevreuse.

En novembre 1244, les mêmes personnages consentent à ce que l'abbaye de la Roche tienne en main-morte, sous la condition de payer une rente annuelle de 6 sous 4 deniers et une obole parisis, 6 arpents de vigne situés dans leur seigneurie et dont ladite abbaye jouissait en fait depuis cinq années (2).

GUILLAUME DE VOISINS vient ensuite et paraît en novembre 1244 comme garant avec Milon de Jagny, chevalier, Hugues Pelet, Simon, maire de Bois d'Arcy, à une charte de l'abbaye de la Roche.

Plus tard Guillaume de Voisins devint bailli de Verneuil de 1249 à 1253, puis il fut bailli de Rouen le 23 février 1256 et en 1259 (3).

CÉDILE DE VOISINS, veuve de Hugues de Noisy, se remaria à Jean de Hanches, chevalier (1247 et 1250) (4).

PIERRE DE VOISINS (de Voesinis) comparut, le 28 mai 1282, à Tours lors de la convocation de l'armée de Foix.

---

(1) Moutié, Cartulaire de N.-D. de la Roche. Je n'ai pas toujours suivi l'avis de M. Moutié pour l'attribution à faire des personnages du nom de Voisins aux différentes localités de ce nom. En ce qui concerne Robert Basin de Voisins, par exemple, il me semble hors de doute que ce chevalier doit être porté sur la liste des seigneurs de Voisins-le-Bretonneux, puisque dans l'église de cette paroisse se trouve la tombe d'un chevalier portant le même nom : Jehan Basin de Voisins, particularité qui était probablement inconnue de notre président au moment où il composait son savant cartulaire.

(2) Moutié, Cartulaire de N.-D. de la Roche.

(3) Arch. nationales, Parlement de Paris, Olim. I, folio 18.

(4) Maquet et de Dion, nobiliaire de Montfort.

Ce chevalier ne croyait pas devoir le service armé (exer-citum) ; cependant il répondit à l'appel du roi à titre gracieux et pour le satisfaire (1).

En 1284, Pierre de Voisins et Isabelle son épouse vendent à Geoffroy de Lèves, chanoine de Chartres, la moitié d'un hébergement, situé probablement à Galluis.

GUILLAUME DE VOISINS fut convoqué pour « l'ost de Flandre », de 1302 à 1304 (1). C'était certainement un per-sonnage important, car son nom est porté sur la liste réser-vée aux barons et grands chevaliers du roi. L'expédition à laquelle il prit part est celle qui fut marquée par les funestes batailles de Courtray et de Mons-en-Puelle.

Deux pierres tombales de l'église de Voisins conservent la mémoire de JEHEN DE VOISINS, chevalier, mort en MIII... et de JEHAN BASIN DE VOISIN.

YSÈNE DE VOISINS était abbesse de Gif en 1362 (2).

Le 16 août 1394, Jean de Neuville, écuyer, rendit hom-mage au nom de ses enfants, héritiers de leur mère, JEHANNE DE VOISINS, à Guillaume de Bois-Nivard, châtelain de Neaufle, pour divers biens à Chateron (3).

## FAMILLE DE LA VILLENEUFVE.

Après Jehanne, la seigneurie paraît être sortie des mains de la maison de Voisins : du moins on ne retrouve plus de personnage portant ce nom. Un Simon de la Villeneufve en est possesseur vers le milieu du XVᵉ siècle.

Les renseignements suivants, concernant Simon sont extraits de l'intéressante notice de M. Maquet sur les seigneurs de Noisy.

SIMON DE LA VILLENEUVE, écuyer, seigneur en partie de Noisy et de Bailly, des Clayes, de la Hébergerie, du Chêne-

---

(1) Dom Bouquet, Recueil des historiens de France.
(2) *Gallia Christiana*.
(3) Arch. de Seine-et-Oise, Fonds de Neaufle.

le-Haut, du Chêne-Rogueux, de Goupillières, de la Tour de
Marcq, de Petit-Mont, de Vilaines, le Poiret, de Neaufle,
de Plaisir, d'Argal, des Bordes-sous-Neaufle, de la Gou-
tière-sous-Neaufle, de la Mellière, de la Boissière, de Voisins-le-Bretonneux, d'Hauvilliers, de l'Etang, de la Cha-
pelle-Milon, de la Nonette, de Méridon, de Bonnelles, de la
Brétesche, des Bordes, de Cuivron, de Montelou, d'Elancourt et en partie de Villepreux.

Il reçut la foi et hommage de Robert de Montmirail conseiller du roi et clerc ordinaire de la Chambre des Comptes,
à cause de son fief des Moulins, appelé depuis Moulineaux,
relevant de lui à raison de sa seigneurie de Bailly, haut, le
13 juillet 1459.

Le 16 juillet 1485 il reçut la foi et hommage de demoiselle
Denise de Harlay, vᵉ de Robert de Montmirail, et de Louis
de Montmirail, son fils, clerc et conseiller ordinaire du roi
en la Chambre des Comptes, pour leur fief des Moulineaux
qu'ils tenaient de lui.

Simon de la Villeneufve mourut au mois de janvier 1491,
et fut inhumé dans l'église de la paroisse de Villepreux
avec Jeanne de Ponceaux, sa femme, sous une même tombe
sur laquelle ils étaient représentés avec leurs armoiries et
l'épitaphe suivante gravée autour de la tombe. *Cy gist Simon de la Villeneufve, écuyer, vivant seigneur de Bailly et
Noisy, qui trespassa le.... jour de janvier l'an mil
CCCCIIIIXXunze, et damoiselle Jehanne de Ponceaux sa
femme, trespassa....*

Les armes de la Villeneuve sont de gueules, billetés d'argent, au lion de même brochant sur le tout. (1)

On ne voit pas que le fils de Simon ait possédé Voisins.
Toutefois il nous reste des traces du passage à Voisins
d'un autre membre de cette famille. En effet les titres de la
paroisse font connaître qu'un « défunct Pierre de la Ville-

---

(1) Maquet, les Seigneurs de Noisy-le-Roi.

neufve » avait légué à la fabrique et cure de Voisins 15 arpents de terre labourable (1).

Et à ce propos une observation n'est pas inutile. L'auteur de l'inventaire des titres de la paroisse, constatant que la fabrique possédait au moment où il dressait cet inventaire, 24 arpents de terre et que les titres, ne remontant qu'à 1598, ne permettaient d'assurer l'origine que pour 10 arpents 62 perches 1/2, se demandait si la différence, soit 13 arpents 37 perches 1/2, ne proviendrait pas de la donation faite à la fabrique lors de l'érection de Voisins en cure et paroisse. Il ne paraît pas douteux que la donation faite par Pierre de la Villeneufve ne soit l'origine des biens paroissiaux dont au XVIIIᵉ siècle on avait perdu toute trace de la provenance.

## FAMILLE GILBERT.

La famille Gilbert de Voisins, qui posséda la seigneurie de Voisins le-Bretonneux pendant 200 ans environ à partir des dernières années du XVᵉ siècle, était, au dire de La Chesnaye des-Bois, originaire de la Franche-Comté.

Si on en croit une note communiquée par M. Gilbert de Voisins, Jacques Gilbert, écuyer, seigneur de Mauger et de Planigny aurait épousé avant 1322, Madeleine, fille de Guillaume de Voisins, écuyer, seigneur des lieux de Voisins et de Damiette.

Cette alliance expliquerait d'une façon toute naturelle la présence des Gilbert à Voisins et la transmission de la seigneurie dans cette famille; mais la note de M. Gilbert de Voisins présentant des inexactitudes sur d'autres points, il ne serait pas prudent d'y attacher trop d'importance.

Quoiqu'il en soit, voici la généalogie des Gilbert et la relation de quelques faits les concernant:

---

(1) Arch. de la paroisse.

Michaut Gilbert s'établit à Paris dans le XV⁰ siècle. Il avait épousé Anne de Vienne, d'une famille noble et ancienne du duché de Bourgogne, dont il eut entre plusieurs enfants.

Jean Gilbert premier du nom, seigneur de Voisins, de Villaroy en France et de Mauger; correcteur de la Chambre des comptes, secrétaire du roi, trésorier de Nîmes; général des finances du roi Charles VIII, mort le 20 janvier 1507, avait épousé Françoise Brinon, fille de Guillaume Brinon, seigneur de Villènes. Il en eut 8 enfants.

1º Jean, qui suit :

2º Michel, reçu conseiller clerc au Parlement à Paris le 10 août 1523 et nommé abbé de Bellozane le 3 septembre 1532.

3º Jacques, seigneur de Mauger, prieur de Marolles.

4º Pierre, secrétaire du roi vers 1505.

5º Marthe, mariée en 1515 à Benoît Larcher, conseiller en la cour des Aides.

7º Jeanne, mariée à Jean du Prat, trésorier de la Vénerie et Fauconnerie de France.

8º Marguerite, religieuse à Poissy le 15 avril 1506.

Jean Gilbert, II du nom, seigneur de Voisins, avocat en la cour des Aides le 19 janvier 1523 et conseiller au Parlement le 13 mai 1523, mort en 1535. Avait épousé Marie Dorne dont il eut :

1e Pierre, qui suit :

2º Marguerite.

3º Françoise, religieuse à Longchamps le 7 août 1546.

Pierre Gilbert 1er du nom, seigneur de Voisins et de Villaroy, conseiller au Parlement, mort en 1568. Epousa Philippine Roger.

Un des parents de cette dame, « noble homme Claude Roger, aumônier de la Reine-Mère du roy, étant représenté à Voisins » fit des donations à la fabrique, ainsi qu'il appert

d'un acte « fait et passé en l'hostel et (lieu) seigneurial du-
dict Voisins, le 11 janvier de l'an 1585. » (1)

Les enfants de Pierre I<sup>er</sup> furent :

  1° Pierre, qui suit,

  2° Gabrielle, mariée à Antoine de Dammartin, sei-
     gneur de Montlaur.

  3° Madeleine, mariée à 1° Louis Gallope, seigneur
     de Vercilly, conseiller au Parlement, et 2° à
     Claude Bourdin, seigneur de Bézonville, con-
     trôleur des armées du roi.

PIERRE GILBERT II du nom, seigneur de Voisins, Villaroy,
Mauger, Bonnières, etc., gentilhomme ordinaire du roi
Henri III, conseiller au Parlement, mort en 1597 ; épousa
Bonne Bourdin, qui vivait encore en 1612.

Ce Pierre Gilbert, qualifié écuyer, Seigneur de Voisins le-
Bretonneux et du fief Michel Lebœuf de Versailles, et de
Guy de Méridou et Boullart, assis à Voisins et de Bonnières.
comparut en personne au Procès-Verbal de la Coûtume de
Paris en 1580.

Il eut pour enfants :

  1° Pierre, qui suit.

  2° Anne, mariée à Charles Gâteau, secrétaire du roi.

Pierre Gilbert III du nom, né à Paris en 1595, seigneur
de Voisins, Conseiller au Parlement de Paris le 7 juillet
1623. Il obtint des lettres de confirmation du lieu de Voisins-
le-Bretonneux. De plus, le marquis de Sourdis lui conféra
le droit de toute justice dans l'étendue de cette seigneurie,
par lettres enregistrées le 27 août 1653. Il mourut Conseiller d'Etat en 167.. et fut inhumé dans la chapelle méri-
dionale de l'église de Voisins où sa tombe se voyait encore
du temps de l'abbé Lebeuf.

Pierre Gilbert, qui avait épousé Marguerite-Françoise de
Bouer, en eut:

  1° Gilles Pierre, écuyer, Prieur de Chevreuse,

---

(1) Arch. de la paroisse.

2º Pierre, qui suit,

3º Raphaël Gilbert de Mauger, chevalier, seigneur
pour moitié de Voisins-le-Bretonneux, souche
de la branche de Crapado, était mort en 1693.
Ses enfants : Pierre Gilbert ; Pierre François ;
Pierre-Raphaël Gilbert vendirent à cette époque
leur moitié de la seigneurie de Voisins, ainsi
que nous le verrons plus loin.

4º Madeleine mariée par contrat, le 24 mai 1649 à
Gilles de Boutier, vicomte de Château-d'Assy,
gentilhomme ordinaire de Gaston, duc d'Or-
léans.

5º et Claude, mariée à Jean Lofech, secrétaire
du roi.

6º Bonne, qui vivait le 10 septembre 1642.

Pierre Gilbert, IV du nom, seigneur de Voisins, Villaroy,
etc., né le 7 octobre 1630, mort en 1679; épousa par contrat en 1656, Elisabeth Petit, morte le 13 octobre 1673.

Ses enfants furent :

1º Pierre, qui suit :

2º Jean-Louis-François, seigneur de Villaroy, Conseiller au Parlement le 3 février 1695 ; mort
sans être marié le 7 juin 1711 ;

3º Guillaume, chanoine régulier de Ste Geneviève.
Et 4 filles mortes religieuses.

Pierre Gilbert, V du nom, marquis de Villènes, seigneur
de Voisins, Haute-Isle, Mauger, Villaroy, la Gastine, les
Pilliers et autres lieux, né le 11 novembre 1656, fut reçu
Conseiller au Parlement le 14 mai 1683. Il épousa en 1683
Geneviève-Françoise Dongois, petite nièce de Boileau.

Pierre Gilbert vendit, conjointement avec son frère Jean-
François Gilbert, aux dames de St-Cyr la terre et seigneurie de Villaroy et la ferme de la Lande, située à Voisins, moyennant 63,000 livres (29 janvier 1693) (1).

---

(1) Arch. de Seine-et-Oise, titres de Chevreuse.

C'est sous ce seigneur que la terre de Voisins , qui lui appartenait pour moitié comme étant donataire pour moitié de son oncle le prieur de Chevreuse, (l'autre moitié appartenant aux enfants de Raphaël Gilbert de Mauger), fut acquise par les dames de St-Louis (1).

Une des clauses du contrat de vente portait que Pierre Gilbert, conseiller, désirant conserver le nom de Voisins que lui et ses ancêtres avaient toujours porté, pourrait, ainsi que ses enfants, prendre en tous actes et jugements, le nom de Gilbert de Voisins. (1).

La seigneurie sortit ainsi , en 1693 , des mains de la famille Gilbert qui la possédait depuis deux siècles. Comme trace de son passage dans notre paroisse , il ne nous reste que ses armoiries peintes et sculptées dans l'église et la mention , sur les registres paroissiaux de la présence de plusieurs de ses membres , comme parrains ou marraines au baptême d'enfants de leurs vassaux. N'oublions pas aussi que les Gilbert ont entretenu pendant longtemps un vicaire à Voisins.

La famille Gilbert de Voisins dont un membre est mort sur l'échafaud révolutionnaire compte encore des représentants.

Elle porte pour armes: d'azur, à la croix engrêlée d'argent , cantonnée de 4 croissants montants d'or.


## LES DAMES DE SAINT-LOUIS.


Le 8 janvier 1693, les dames de St-Louis, établies à Saint-Cyr achetèrent moyennant 68202 livres la terre et seigneurie de Voisins, mouvante en plein fief du sieur Delaclos à cause de sa terre et seigneurie de la Norville, et à charge vers elle des droits et devoirs ordinaires suivant la coutume. A cette époque la terre de Voisins était estimée trois mille cent livres de rente (1).

1) Arch. de Seine-et-Oise, titres de Chevreuse.

# LE ROI.

La seigneurie ne resta pas longtemps entre les mains des dames de St-Cyr, car le 2 mars 1693 (2 mois après l'acquisition), un arrêt du Conseil ordonnait l'échange de la terre de Chevreuse contre les seigneuries de Guyancourt, Buc, Voisins et la ferme de la Lande (1).

Le contrat d'échange fut signé le 8 janvier 1693 et Voisins réuni au domaine royal. Le château de Voisins devenu ferme royale fut loué à bail par les administrateurs dudit domaine ; le bail consenti le 4 juin 1783 mentionne, pour les fermes de Voisins et de la Lande 8032 livres de loyer par an ; celui du 21 octobre 1790 porte 11000 livres de fermage.

Lors de la formation de la liste civile, les fermes de Voisins et de la Lande furent réservées au roi et firent partie de ladite liste civile.

Plus tard, devenue bien national, la ferme de Voisins fut vendue avec la ferme de la Lande et autres dépendances moyennant 344.149 fr. 32 c. le vendredi 19 fructidor an IV (2).

---

(1) Arch. de Seine-et-Oise, tit. de Chevreuse.
(2) Arch. de Seine-et-Oise, registres des ventes nationales.

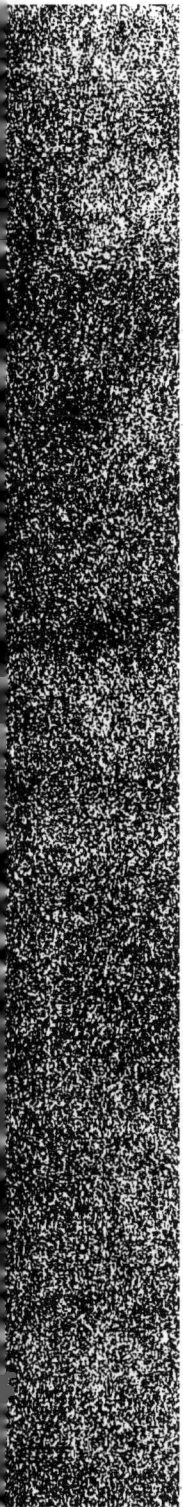